Verdi:
I Lombardi

Opera en Cuatro Actos

Traducción al Español y Comentario
por E.Enrique Prado

Libreto por
Temistocle Solera

Jugum Press

ℬ

ISBN-13: 978-1-939423-76-4
ISBN-10: 1-939423-76-7

Cubierta de libro:
Fracesco Hayez, Cruzados Sedientos Cerca de Jerusalén—1836–50
(identificado como PD-Art [PD-old-100])
Estudio de Composer Giuseppe Verdi de Wikimedia Commons – en.wikipedia.org
(en el dominio público en los Estados Unidos y otros países)

Impreso en los Estados Unidos de América
Publicado por Jugum Press
www.jugumpress.com

Edición y diseño:
Annie Pearson, Jugum Press
Consultas y correspondencia:
jugumpress@outlook.com

Índice

Prefacio ๛ I Lombardi

I Lombardi alla Prima Crociata es la cuarta opera de Verdi, el libretista fué Temistocle Solera y se basó para escribir el libreto en el poema de Torrunasso Grossi "I Lombardi alla Prima Crociata." Grossi de origen milanés aun vivía cuando se escribió la ópera.

Cuando Grossi publicó su poema en 1826, despertó una gran polémica entre el público. La totalidad de los viejos argumentos cobró una nueva vida a medida que se acercó el dia del estreno y al cansó el nivel de discusión furiosa cuando se supo que la policía por ordenes del arzobispo, había rehusado autorizar la producción.

La dificultad se centraba en la escena en la cual aparecía el guerrero sarraceno, convertido por la doncella cristiana, en la ceremonia del bautismo. El bautismo es un sacramento, decía el arzobispo, que además era cardenal, y era sacrílego presentarlo en escena. El jefe de la policía quedó atrapado entre el desagrado del arzobispo y la certidumbre de que habría disturbios en el teatro si se negaba la autorización o se recortaba mucho el libreto.

Convocó a Verdi, que se negó a comparecer. Después llamó a Merelli, el empresario, y a Solera y ambos afirmaron que carecían de influencia sobre el compositor, al mismo tiempo que destacaron que era el hombre mas popular de Milán. Finalmente el arzobispo propuso que el primer verso de la plegaria de la doncella cambiara de "Ave Maria" a "Salve Mariall," y por intermedio de Merelli, Verdi aceptó.

El día del estreno en La Scala, el de Febrero de 1843, revendieron todas las localidades y fuera del teatro quedaron cien tos de frustrados amantes de la ópera. Durante el estreno, la policía consiguió impedir un "bis" y despúes renunció al esfuerzo. El público inmediatamente se identificó con los lombardos, y asoció a los austríacos con los sarracenos que profanaban la Tierra Santa; entendió que la Cruzada correspondía al futuro, y saludó frenético al coro del último acto que convoca a los Cruzados lombardos incitándolos a dominar la desesperación y entrar en batalla.

En su carácter de ópera popular, *I Lombardi* tuvo un éxito tan considerable como *Nabucco* su antecesora y quizás incluso mayor.

Por ejemplo fué la primera ópera de Verdi representada en Nueva York y en San Petersburgo. En una versión en francés, prepara da por Verdi y titulada "Jerusalem," fué la primera de sus óperas presentada en la Opera de Paris. Después con el título de *Gerusalemme* comenzó una gran gira por Italia en 1850.

Desde el punto de vista musical *Los Lombardos* fué menos exitosa que *Nabucco*, y pese al excitado clamor popular, los criticas se quejaron de que Verdi había sacrificado el drama a los efectos teatrales. Lo que Verdi y Solera habían hecho, fué componer en el siglo XIX una extravagancia hollywoodense, con un reparto de miles de personas y un deslumbrante escenario bíblico.

Traducción y comentarios por:
E. Enrique Prado Alcalá
Tepoztlán, Mayo de 1998

Sinopsis ℘ I Lombardi

Acto Primero: La Revancha

Escena I.

La escena se desarrolla en la plaza frente a la Catedral de San Ambrosia en Milán.

Se escuchan cantos de regocijo que vienen de la Catedral, para celebrar la reconciliación de Arvino y pagano, los dos hijos del señor Folco, rivales por la mano de la hermosa Viclinda. Pagano que fué rechazado por la dama, intentó matar a su hermano fué exiliado y ahora aparentemente arrepentido se le ha permitido que regrese, pero al abrazarse los dos hermanos, surgen dudas entre los testigos y en Arvino sobre la sinceridad de Pagano.

Solo Viclinda, esposa de Arvino y Giselda su hija parecen creer en Pagano.

Llega un sacerdote con la noticia de que Pedro el Ermitaño desea que se organice una Cruzada para rescatar el Sacro Sepulcro y la Ciudad de Jerusalem; Arvino es nombrado líder del contingente Lombardo.

Pagano le confía a Pirro, caballerango de Arvino, sus intenciones de obtener el amor de Viclinda; Pirro entusiastamente acepta ayudarlo y le informa que cuenta con una banda de asesinos que están a su disposición.

Escena II.

Una galería del palacio de Folco, en donde se ven las puertas a las habitaciones principales.

Viclinda y Giselda se encuentran preocupadas por el destino que le espera a Arvino.

Se escuchan muchos pasos afuera y Arvino sale a investigar, pero antes les dice a las mujeres que busquen a Folco su padre que esa noche va a dormir en su departamento.

Aparecen Pirro y Pagano quien piensa que su hermano ya se encuentra dormido en su departamento, entra en él espada en mano y lo hiere en el corazón. Pirro mientras tanto mira satisfecho como sus asesinos incendian el palacio. Pagano reaparece con su espada ensangrentada, arrastrando de la mano a Viclinda que se resiste. El le dice que no grite ni se resista ya que no hay nadie en el palacio que la pueda oír, aparece Arvino y dice: "yo puedo oírla," en ese momento, Pagano se da cuenta de que ha asesinado a su propio padre. Para entonces ya se ha reunido una multitud y se organiza una asamblea que condena al parricida al destierro.

Acto Segundo: El Hombre de la Caverna

Escena I.
La escena tiene lugar en y Alrededor de Antioquia.

Una habitación en el palacio de Acciano, tirano de la ciudad. Los mensajeros le informan de la inminente llegada de los Cruzados quienes a su paso han dejado una estela de ruina y depredación.

Aparece Sofia, la esposa del tirano, secretamente convertida al cristianismo, viene acompañada por su hijo Oronte que se encuentra enamorado de Giselda, una doncella cristiana, que está confinada en el harem de Acciano; Sofia aprueba éste amor viendo que atraves de él, su hijo puede abrazar el cristianismo; Oronte le confiesa que esas son sus intenciones ya que el dios adorado por una persona con las cualidades de Giselda, debe de ser el verdadero Dios.

Escena II.
Una cueva en un promotorio en el desierto cercano a Antioquia.

El ermitaño que vive ahi, trata de escuchar los ruidos del combate. El espera escuchar el grito "Dios asi lo quiere" de los Cruzados, que han venido a luchar por la reconquista de los Santos Lugares. El ermitaño vé a Pirro que se aproxima; viene ha pedirle consejo sobre la manera de redimir sus pecados. El le confiesa que es un pecador y que en Palestina se ha conducido cobardemente, que es un desertor y que se pasó al lado de los infieles. Le dice que la seguridad de las murallas de Antioquia le ha sido confiada.

Se escuchan los ruidos del ejército Cruzado que se acerca; el ermitaño le dice a Pirro que sus pecados serán perdonados si abre las puertas de la ciudad a los Cruzados lo cual es aceptado por éste que promete abrirlas esa misma noche.

El ermitaño esconde a Pirro dentro de la cueva, luego se pone su armadura de caballero y va al encuentro de los Cruzados lombardos. Se encuentra con Arvino y le pregunta si sabe con quién está hablando, éste le contesta que con "el hombre de la cueva" un hombre santo que recibe los favores de Dios. Arvino entonces le cuenta como su hija Giselda fué capturada por los infieles y como sus esfuerzos han sido inútiles para rescatarla. El viejo le informa que pronto verá de nuevo a su hija y que esa misma noche las tiendas lombardas se levantarán en la ciudad de Antioquia.

Escene III.
El harem de Acciano.

Las jóvenes celebran con cantos, el amor que Giselda ha despertado en Oronte.

Un grupo de soldados turcos en huida pasa por el escenario perseguido por los Cruzados. Entra Sofia y le comenta a Giselda que un traidor guía a los enemigos y que Acciano y Oronte han sido sesionados. Entran Arvino, los Cruzados y el ermitaño, Arvino ve a su hija intenta abrazarla pero ella lo rechaza horrorizada y al borde de la locura; Arvino furioso la llama perversa y sacrílega y desenvaina su espada para matarla; el ermitaño y los soldados lo detienen diciéndole que ella no se encuentra en sus cabales.

Acto Terceo: La Conversión

Escene I.
El Valle de Josafat, en donde se encuentra el Monte de los Olivos. Cruzados y peregrinos alaban las bellezas y virtudes de Jerusalem y anuncian la próxima liberación de la Cuidad Santa.

Entra Giselda sola que al encontrar opresiva la atmósfera del campamento de su ha decidido escapar. Con incredulidad ve a Oronte, a quien creía muerto, aparece ante ella con uniforme de lombardo. Tomándola en sus brazos le explica que fué herido y cayó desmayado después del ataque de Arvino.

El ha abandonado todo por ella, dice, y está feliz al saber que ella también lo ama y que esté dispuesta a seguirlo a pesar de lo peligroso del camino. Ambos se alejan.

Escena II.
La tienda de Arvino.

Arvino está furioso por huida de su hija. Llegan unos Cruzados y le informan que su hermano Pagano ha sido visto en el campamento de los Cruzados. Arvino apoyado por los Cruzados sentencia a muerte a su vil hermano.

Escena III.
Una gruta desde donde se ve el Rio Jordán.

Giselda ayuda a Oronte aun débil por sus heridas. Ella amarga da reprocha a Dios haberla separado de su madre y haberla puesto en la actual situación crítica. Aparece el ermitaño para saber quién se atreve a acusar a Dios; luego le dice a Giselda que su amor es un pecado, pero les ofrece a ambos la oportunidad de una nueva vida si Oronte consiente en ser bautizado. El joven acepta y lo bautiza con agua del Jordán. Oronte se encuentra muy debilitado y cae moribundo. El viejo consuela a Giselda diciéndole que algún dia ella se reunirá en el cielo con Oronte y que ambos serán felices en compañía de los ángeles.

Acto Cuatro: El Santo Sepulcro

Escena I.

Giselda dormida dentro de una cueva. En un sueño, ella tiene una visl0n:un coro de espíritus celestiales la invitan a disfrutar la alegría de unirse con su amado, con alegría ve a Oronte y le pregunta porqué no le habla. El le dice que Dios ha aceptado sus plegarias y le encarga a ella que aconseje a su puebla mantener la esperanza. Sus fuerzas serán restauradas por las aguas de Siloam. Giselda despierta en un estado de gran excitación.

Escena II.
Campamento Lombardo cerca de la Tumba de Raquel.

Cruzados y peregrinos deprimidos reprochan a Dios haberlos llamado y haberlos hecho dejar las verdes praderas para venir a este árido desierto. Se escucha un grito que anuncia que han encontrado un manantial de agua fresca. Entra Giselda y les dice que Dios ha escuchado sus plegarias. Arvino asegura a sus hombres que cuando hayan calmado su sed ellos no estarán entre los últimos que escalen los muros de Jerusalem. Todos celebran por anticipado la victoria.

Escena III
Campamento de Arvino.

Se escucha el fragor de la batalla, entra el ermitaño mortalmente herido, sostenido por Giselda y Arvino. El viejo en su delirio gradualmente revela que él es Pagano el parricida y le ruega a Arvino que no maldiga a su alma penitente, éste lo abraza y le jura que no lo hará. Pagano ruega le permitan ver la Ciudad Santa y así lo hacen, apareciendo Jerusalem brillando en la mañana con banderas y pendones lombardos adornando las murallas Murmurando — una frase de agradecimiento a Dios, el hombre expira mientras los victoriosos Cruzados cantan al cielo un coro de gracias y alegría.

FIN

Reparto ໕ I Lombardi

ARVINO – hijo de Lord Folco, Tenor
PAGANO/ERMITAÑO – hijo de Lord Folco, Bajo
VICLINDA – esposa de Arvino, Soprano
GISELDA – hija de Arvino, Soprano
ORONTE – hijo de Acciano, tenor
ACCIANO – tirano de Antioquía, Tenor
SOFIA – esposa de Acciano, Soprano
PIRRO – caballero de Arvino, Bajo
PRIOR – de la ciudad de Milán, Tenor

Libreto ॐ I Lombardi Alla Prima Crociata

Acto Primero: La Revancha

Escena I: La plaza afuera de la iglesia de San Ambrosio en Milán.
Se escucha música llena de alegría.

CORO
Oh nobile esempio! Vedeste?
Nel volto a tutti brillava la giogia del core.
Però di Pagano nell'occhio travolto
la traccia appariva del lungo terrore.
Ancor nello sguardo terribile e cupo
la fiera tempesta dell'animo appar.
Sarà, ma ben raro, le furie del lupo
nei placidi sensi d'agnel si mutar.

CORO DE MUJERES
Nell'ora dei morti perchè dal
gran tempio diffondesi intorno
del festevole suono?
Oh dite, che avenne?

CORO
Quest'oggi sull'empio
dal cielo placato discende il perdono;
qui deve postrarsi Pagano il bandito
che torna alle gioie del suolo natal.

CORO DE MUJERES
Narrate! Narrate! Del patrio suo
lita qual mai la cacciava destino fatal?

1. ¡Oh noble ejemplo! ¿Viste?
En el rostro de todos brillaba la alegría.
En los ojos intranquilos de Pagano
estaban los restos de su largo terror.
De nuevo en su mirada terrible aparece
la fiera tempestad de su alma.
Será muy raro que la furia del lobo
se cambie en la placidez de un cordero.

2. ¿Por qué en la hora de los muertos
se difunden en torno
al gran templo, sonidos festivos?
¿Dinos, que pasa?

3. En éste dia sobre el impío
del cielo aplacado desciende el perdón;
aqui debe postrarse Pagano el bandido
que vuelve a la alegría del suelo natal.

4. ¡Cuéntanos! ¿Cual fué el destino fatal
que lo separó de su patria?

CORO

Era Viclinda gentil donzella
Vaga e fragante d'aura amorosa.
La giuventude più ricca e bella
ambiva ardea nomarla sposa,
Ma di Viclinda l'alma innocente
d'Arvin si piacque, sposo il chiamò.
Pagan spregiato, nel sen furente,
vendetta orrenda farne giurò.
Un di (de morte l'ora gemea)
ívano al tempio gli avventuratí
quando ímprovviso quell'alma rea
fere il fratello da tutti lati.
Quindi ramingo, solo e proscritto
ai luoghi santi corse a pregar.
Già da molt'anni piange il delitto
or gli è dato fra suoi tornar.

CORO DE MUJERES

Or ecco! Son dessi! Vedete?
Sul volto a tutti sfavilla la gioia del core.

CORO

Pero di Pagano nell'occhio travolto
appare la traccia del lungo terror.

TODOS

Ancor nello sguardo terribile cupo
la fiera tempesta dell'animo appar.
Sarà ma ben raro le furie del lupo
nei placidi sensi d'agnel si mutar.

5. Era Viclinda gentil doncella
adorable y fragante de aura amorosa.
Los jóvenes mas ricos y bellos
ardían por nombrarla esposa,
pero el alma inocente de Viclinda
tomo a Arvino por esposo.
Pagano despreciado, furioso,
juró horrenda venganza.
Un dia (gemía la hora de muerte)
ivan al templo los enamorados
cuando de improviso el perverso
hiere a su hermanos por todos lados.
Entonces condenado a vagar solo, el
proscrito fué a los santos lugares a rezar.
Desde hace muchos años llora por su delito
y ahora se le ha permitido regresar
a los suyos.

6. ¡Aqui están! ¡Son ellos! ¿Ven?
En sus rostros brilla la alegría del corazón.

7. Pero en los ojos de Pagano
aun están las huellas del largo terror.

8. En su mirada terrible aparece
aun la fiera tempestad.
Será pero es raro que la furia
del lobo se mute en la placidez de la oveja.

*Aparecen Pagano, Arvino, Giselda, Viclinda y Pirro precedidos
por los principales de la ciudad y por sirvientes portando antorchas encendidas.*

PAGANO

Qui nel luogo santo e pio
testimonio al mio delitto
perdon chiedo al mondo e a Dio
umilmente in core affilitto.

9. *(Hincado)*
Aquí en este lugar santo y pio
testigo de mi delito
pido perdón al mundo y a Dios
humildemente con el corazón.

ARVINO
Vieni! ... Il baciò del fratello
del perdon ti fia suggello.

PRIORES DE LA CIUDAD
Viva Arvino! Oh nobil cor!

GISELDA, VICLINDA
Pace! ... Pace!

PAGANO
Oh, mio rossor!

GISELDA
T'assale un tremito! Padre che fia?
Tionta la fronte hai di pallore.
Di gioia immensa ho pieno il core
e tu, dividerla non vuoi con me?

ARVINO
L'alma sul labbro a me venia
ma ratto un gelo mi scese al core,
in quegli sguardi certo è il furore;
destasi orrendo sospetto in me.

PAGANO
Pirro, intendesti? Cielo non fia
che li assicuri dal mio furore!
Stolti! Han trafitto questo mio core
ed han sperato pace da me.

GISELDA, VICLINDA
Di gioia immensa ha pieno il core e tu,
e tu dividerla non vuoi con me?

PIRRO
Signor, tuo cenno legge a me fia
Cento hai ministri del tuo furore
di questa notte nel cupo orrore
siccome spettri verremo a te.

10.
¡Ven! ... Que el beso del hermano
sea el sello del perdón.
(Se besan)

11.
¡Viva Arvino! ¡Qué noble corazón!

12.
¡Paz! ... ¡Paz!

13.
¡Oh, qué pena!

14.
(A Arvino)
¡Tiemblas! ¿Padre, que te pasa?
Tienes pálida tu frente.
¿De alegría inmensa tengo lleno el corazón
y tu no quieres compartirla conmigo?

15.
Tengo el alma en los labios
pero un hielo me aprieta el corazón,
en esa mirada está la furia;
que despierta horrenda sospecha en mi.

16.
(A Pirro)
¿Entendiste, Pirro? ¡El cielo no
los protegerá de mi furia!
¡Tontos! Han herido mi corazón
y esperan paz de mi.

17.
(A Arvino)
¡Tengo el corazón lleno de inmensa alegría
y tu no quieres compartirla conmigo?

18.
(A Pagano)
Señor, tus señas son ordenes
tengo cien agentes disponibles
para ésta noche de obscuro horror,
vendremos como espectros a ti.

CORO

S'han dato un baciò quello non sia
onde tradiva Giuda il Signore!
Oh, l'improvviso silenzio al core
certa pace nunzio non è!

UN PRIOR

Or s'ascolti il voler cittadino!
Tutti al grido di Piero infiammati
te proclamano, o nobile Arvino
Condottier de Lombardi Crociati.

ARVINO

Io l'incarco difficile accetto
per lui dolce m'e il sangue versar.
Oh fratello! Stringiamoci al petto terra
a ciel nostri giuri ascoltar!

TODOS

All'empio che infrange la santa promessa,
l'obbrobio, l'infamia sul capo ricada.
Un ora di pace non venga concessa.
Si tinga di sangue la luce del di.

ARVINO, PAGANO

Or basta!
Nè odio fra noi si ragioni.
Per dirci fratelli brandiamo la spada;
voliamo serrati, siccome leoni
sugl'empi vessilli che il ciel maledì!

CORO DE RELIGIOSAS

A te nell'ora infausta
pè mali e del riposo
dal fortunato claustro
sorge un pregar pietoso
alle tue fide virgin
apri ne'sogni il ciel.
Tu colle meste tenebre
pace nell'uom infondi;
sperdi le trame ai perfidi
l'empio mortal confondì,

19.
¡Se han dado un beso, que no sea
como el de Judas al Señor!
¡Oh el súbito silencio de mi corazón
no es anuncio de paz!

20.
¡Ahora se escucha el deseo citadino!
Todos animados por el llamado de Pedro
el ermitaño, te proclamamos, o noble
Arvino, Conductor de los Cruzados
Lombardos.

21.
Yo acepto el difícil encargo
me es muy dulce por él mi sangre verter.
¡Oh hermano! ¡Apretemos el pecho que la
tierra y el cielo escuche nuestro juramento!

22.
Al impío que infrinja la santa promesa,
el oprobio, y la infamia caigan sobre su cabeza.
Que no se le conceda ni una hora de paz.
Si tiñe con sangre la luz del dia.

23.
¡Ahora basta!
No se hable de dio entre nosotros.
¡Para declarar la hermandad;
tomemos la espada como leones
y borremos la maldición que el cielo dictó!

24.
A ti en la infausta hora
de enfermedad y de reposo
del afortunado claustro
surge una plegaria piadosa
a tu fiel virgen
que abre el cielo a tus sueños.
Tu con el brillo de la noche
infundes paz en el hombre;
frustras las tramas del malo
confundes al impío mortal,

CORO DE RELIGIOSAS *(continuato)*
e suonerà di cantici
più lieto il di novel.

PAGANO
Vergini! Il ciel per ora
a vostri preci chiuso;
non per esse men certa, in questa
notte di vendetta fatale
la lama colpirà del mio pugnale!
O Pirro eppur quest'alma
	al delitto non nacque!
Amor dovea renderla santa o rea.

DE RELIGIOSAS
Pace nell'uomo infondi...

PAGANO
Sciagurata! Hai tu creduto
che obliarti avrei potuto,
tu nel colmo del contento,
io nel colmo del dolor?
Qual dall'acque l'alimento
tragge l'italo vulcano
io cosi da te lontano
crebbi agl'impeti d'amor?

PIRRO
Molti fidi qui celati!
Pronti agl'ordino già stanno.

PAGANO
Ch'io li vegga...

Pirro señala hacia los matorrales

In tutti i latti
Essi il fuoco spargeranno.
Di perigli è piena l'opra!
Malti servi Arvin ricetta;
ma per me chi ben s'adopra
largo è il premio che l'aspetta.

(continuó)
y sonarán los cánticos
mas alegres del nuevo dia.

25.
¡Vírgenes! ¡El cielo por ahora
está cerrado a sus plegarias;
no por eso es menos cierto que
esta es noche de fatal venganza
la hoja de mi puñal golpeará!
¡Oh Pirro mi alma no nació
	para el delito!
¡El amor debe hacerla santa o vil!

26.
Infunde paz en el hombre...

27.
¡Infeliz! ¿Tu has creído
que he podido olvidarte,
tu en el colmo del contento
yo en el colmo del dolor?
¿Como el volcán de Italia
toma su alimento del agua
en mi asi alejado de ti
creció el ímpetu de amor?

28.
¡Muchos fieles a ti están aquí!
Escondidos listos para tus órdenes.

29.
Quiero verlos...

Por todos lados
ellos el fuego esparcirá.
¡La tarea está llena de peligros!
Arvino tiene muchos sirvientes;
pero al que me sirva
le espera un gran premio.

17

CORO DE ESBIRROS

Niun periglio il nostro seno
di timar vigllacco assale;
non v'e buio che il baleno
nol rischiari del pugnale;
piano entriam con pie sicuro
ogni porta ed ogni muro
fra le grida, fra i lamenti
imperterriti, tacenti,
d'un sol colpoin paradiso
l'alme altruí godíam mandar!
Col pugnal di sangue intriso
poi sediam a banchettar!

DE RELIGIOSAS

Sperdi le trame ai perfidi...

PAGANO

O speranza di vendetta
già sfavilli sul mio volto
da tant'anni a me diletta
altra voce non ascolto
compro un di col sangue avrei
quell'incanto di beltà.
Ah! Or alfine, or mía tu sei
altrui il sangue spargerà.

PIRRO, ESBIRROS

Ah commandar, impor tu dei,
ben servirti ognun saprà.

30.
No hay peligro de que el temor
asalte nuestro seno;
no hay obscuridad sin el riesgo
del brillo del puñal;
entramos despacio con pie seguro
a todas las puertas y muros
entre los gritos y los lamentos
imperturbables, callados,
de un solo golpe al paraíso
las almas de otros queremos mandar!
¡Con el puñal tinto en sangre después
nos sentamos a cenar!

31.
Frustra la trama de los malos...

32.
Oh esperanza de venganza
ya centellea en mi rostro
por tantos años te he amado
otra voz no escucho
algún día compraré con sangre
ese encanto de beldad.
Ah! Al fin serás mia
otro derramará su sangre.

33.
Tu debes imponer tus ordenes,
todos sabrán corno servirte.

Escene II.

Una galería en el palacio Folco, a la izquierda las habitaciones de Arvino,
a la derecha otros departamentos. Una lámpara ilumina la escena.

VICLINDA

Tutta tremante ancor l'anima io sento...
no dell'iniquo in viso
d'ira nube apparia, non pentimento.

Vieni o Giselda! Un voto
in tal periglio solleviamo a Dio:
Giuriam, s'ei copre di suo manto pio
tuo padre, il mio consorte,
giuriam che nudo il pie,
verremo al santo sepolcro orando!

ARVINO

O sposa mia ricovra
in quelle stanza ormai, ma non corcarti.

GISELDA

Oh ciel... Quale periglio?

ARVINO

E teco il padre mio
rumor di molti passi
parvemi udir! Dell'agitata mente
esser potrebbe un gioco...
Va sposa mia...

GISELDA

Te, Vergin santa invoco!

Salve Maria, di grazie il petto
t'empie il Signor che in te si posa
Tuo divin frutto sia benedetto
o fra le donne l'avventurosa!
Vergine santa madre di Dio,
per noi tapini leva preghiera
ond'Ei ci guardi con occhio pio
quando ne aggravi l'ultima sera.

34.
Aun siento temblar mi alma...
no en esa malvada cara aparece
una nube de ira, no de arrepentimiento.
(Aparece Giselda)
¡Ven Giselda! Hagamos un voto
a Dios ante tal peligro:
¡Juremos si el cubre con su manto
a tu padre, mi consorte,
juremos que con pie desnudo,
iremos a orar al Santo Sepulcro!

35.
Regresa esposa mia
a tu estancia, pero no te acuestes.

36.
Cielos... ¿Cual peligro?

37.
¡Está conmigo el padre mío
parece que oigo rumor de muchos
pasos! Pero podría ser
un juego de mi agitada mente...
Ve esposa mia...

38.
¡Te invoco Virgen santa!
(Se arrodilla con Viclinda)
¡Salve María, la gracia en tu pecho,
el Señor está en ti, que
tu fruto divino sea bendito
y entre las mujeres venturoso!
Virgen santa madre de Dios,
eleva plegarias por nosotros
para que nos vea con ojos píos
cuando nos llegue la última noche.

Parten

PIRRO
Vieni! Già pose Arvino
nelle sue stanze... un servo il disse.

39. ¡Ven! Ya reposa Arvino en su estancia,
lo dice un sirviente.

PAGANO
Oh gioia! Spegni l'infausta lampa
la luce delle fiamme
il trionfo schiarar di mia vendetta
dovra fra pochi istanti... Attendi!

40. ¡Que alegría! Apaga la lámpara
la luz de las flamas iluminará
el triunfo de mi venganza
dentro de pocos instantes... ¡Esperen!

Entra cautelosamente a la estancia de Arvino

PIRRO
Ma gli sgherri han sparso il foco!
Qual rumor di spade ascolto!
Accorriam; nel duro gioco
ben cambiar saprò di volto.

41. ¡Pero los esbirros han esparcido el fuego!
¡Escucho rumor de espadas!
Corramos al duro juego
sabré como cambiar de rostro.

Parte desenvainando la espada

VICLINDA
Scellerato! Oh sposo!

42. *(Llevada por Pagano)*
¡Villano! ¡Oh esposo!

PAGANO
Il chiedi alla punta d'un pugnale!
Taci e seguimi!

43. ¡Llámalo, está en la punta de un puñal!
¡Calla y sígueme!

VICLINDA
A tuoi piedi, pria morire!

44. ¡Primero moriré a tus pies!

PAGANO
E chi mai vale
per salvarti in queste soglie?
Niuno ormai da me ti scioglie;
solo ai pianti, ai mesti laí
puo risponderti lo sgherri.

Chí t'ascolti qui non hai.

45. ¿Y quién está en esos cuartos
para salvarte?
Nadie ya de mi te salva;
solo al llanto doloroso pueden
responderte los esbirros.
(Han extinguido el incendio)
No hay quien te escuche aquí.

ARVINO
Io l'ascolto.

46. Yo la escucho.

PAGANO
O mío stupor!
Pur di sangue è intriso il ferro!
Chi'l versava?

GISELDA, VICLINDA
Il padre!

TUTTI, PAGANO
Orror!
Mostro d'averno orribile,
nè a te si schiude il suolo?
Non ha l'Eterno un fulmine
che t'abbia a incenerir?
Tu fai col nome solo
il cielo inorridir!

ARVINO
Parricida! E tu pure traffitto
sulla salma del padre morrai.

GISELDA
Deh non crescer delitto a delitto!
Altra scena risparmia d'orror.

PAGANO
Che? Ti fermi? Coraggio non hai?
Mira, io stesso aprirò la ferita.

Hace el intento de matarse con su espada pero es detenido por los guardias.

CORO
Sciagurato! La vita, la vita.
Ti fia strazío di morte peggior.

TODOS
Va! Sul capo ti grava l'Eterno
la condanna fatal di Caíno;
più che il foco e le serpi d'averno
la tue carni il terror struggerà.
Va! Tra i fiori di lieto cammino
nelle grotte, fra boschi, sul monte
sangue ognor verserai dalla fronte
sempre al dosso un demon ti starà.

47. ¡Qué estupor!
¡Mi espada está llena de sangre!
¿Quién la vertió?

48. ¡Tu padre!

49. ¡Qué horror!
¿Monstruo horrible del averno
se abre la tierra ante ti?
¿No tiene el Eterno un rayo
que te incinere?
¡Con solo tu nombre
haces horrorizar al cielo!

50. ¡Parricida! Tú morirás por la espada
sobre el despojos de tu padre.

51. ¡No agregan delito al delito!
Evítenme otra escena de horror.

52. ¿Que? ¿Dudas? ¿No tienes valor?
Mira, yo mismo abriré la herida.

53. ¡Villano! La vida, la vida.
Tu tormento será peor que la muerte.

54. Sobre tu cabeza te grava el Eterno
la condena fatal de Caín;
más que el fuego y las sierpes del averno
a tu carne el terror consumirá.
Aun que vayas por alegre camino
en las grutas, entre bosques, en los montes
sangre verterás por tu frente
y siempre el demonio detrás de tí estará.

Acto Segundo: El Hombre de la Caverna

Un salón e el palacio de Acciano en Antioquia.
Acciano sentado en su trono, ante él, embajadores, soldados y gente.

EMBAJADORES
E dunque vero?

55. ¿Entonces es verdad?

ACCIANO
Splendere vid'io le inique spade!

56. ¡Yo vi brillar las espadas!

EMBAJADORES
Audaci! A che le barbare
lasciar natie contrade!
Di Maometto al fulmine
noi li vedrem sparir!

57. ¡Audaces! ¡Con los bárbaros
dejar sus tierras nativas!
¡Los veremos desaparecer ante
los rayos de Mahoma!

ACCIANO
Forti, crudeli esultano
di stupri e di rapine;
lascian dovunque un cumulo
di stragi e di ruine.

58. Fuertes, crueles exaltan
el estupro y la rapiña;
dejan por doquier un cúmulo
de estragos y de ruina.

TODOS
Deh scendi Allàh terribile
i perfidi a punir!
Or che d'Europa il fulmine
minaccia i nostri campi,
vola per noi sui turbini
pugna per noi fra i lampi
e sentirem nell'anima
scorre il tuo valor.
Giuriam! Noi tutti sorgere
come un sol uom vedrai,
scordar le gare, e accenderne
un ira sola;

59. ¡Desciende terrible a Alá
a castigar a los pérfidos!
Ahora que de Europa el rayo
amenaza nuestros campos, vuela
para nosotros en un huracán
lucha por nosotros entre rayos
y sentiremos en el alma
el fluir de tu valor.
¡Juremos! ¡Todos surgiremos
como un solo hombre, lo verán,
olvidar las rivalidades y levantar
una sola ira ya;

TODOS (*continuato*)
un ira ormai quale fia scampo ai perfidi
se tu ne infiammi il cor?
Giuriam, giuriam, giuriam...

ORONTE
Oh madre mia che fa colei?

SOFIA
Sospíra, piange
i suoi cari chiama,
pur l'infelice t'ama.

ORONTE
Mortal di me più lieto
non ha la terra!

SOFIA
(Oh voglia Iddio
schiarar cosi la mente al figlio mio)

ORONTE
La mía letizia infondere
vorrei nel suo bel core!
Vorrei destar co'palpiti
del mio beato amore
tante armonie nell'etere
quanti pianeti egli ha.
Ah! Ir seco al cielo, ed ergermi
do ve mortal non va!

SOFIA
Oh! ma pensa, che non puoi
farla tua, se non ti prostri
prima al Dio dè padri suoi.

ORONTE
Sien miei sensi i sensi vostri!

SOFIA
Oh mia gioia!

(*continuó*)
cual escape habrá para los pérfidos
si tu nos inflamas el corazón?
Juremos, juremos, juremos...

Parten

60. ¿Oh madre mia qué hace ella?

61. Suspira, llora
     y llama a los que ama,
     la infeliz te ama.

62. ¡No hay mortal más feliz
     en la tierra que yo!

63. (Quiera Dios aclarar
     la mente al hijo mío)

64. ¡Podré infundir regocijo
     en su bello corazón!
     Podré despertar con el palpitar
     de mi gran amor
     tanta armonía en el éter
     que tiene tantos planetas.
     ¡Ah! ¡Ir con ella al cielo y erguirme
     en donde ningún mortal va!

65. Pero piensa, que no puedes
     hacerla tuya, si no te postras
     antes al Dios de sus padres.

66. ¡Siento lo mismo que tu!

67. ¡Que alegría!

ORONTE

Oh madre mía!
Già pensai più volte in cor
che sol vero il Nume sia
di quell'angelo d'amor.
Come poteva un angelo
crear si puro il cielo,
e agil occhi suoi non schiudare
di veritade il velo?
Vieni, m'adduci a lei
rischiari i sensi miai
vieni, e nel ver s'aquetino
la dubbia mente e il cor!

SOFIA

Figlio! T'infuse un angelo
per tua salute amor!

SOFIA, ORONTE

Vieni, vieni, vieni.

68.

¡Oh madre mia!
He pensado muchas veces
que el verdadero Dios
es aquel de mi ángel de amor.
¿Como podría el cielo
crear un ángel tan puro
y a sus ojos no se abriera
el velo de la verdad?
¡Ven, llévame a ella
ilumina mis sentidos
ven, y en la verdad se calman
mi mente y mi corazón!

69.

¡Hijo! ¡El amor te ha
enviado a un ángel!

70.

Ven, ven, ven.

Escena II.

Prominencia en una montaña en donde se abre la boca de una caverna.
Un ermitaño sale de la caverna.

ERMITAÑO

E ancor silenzio!
Oh quando, quando al fragor
dell'aure e del torrente
suono di guerra s'unirà?
Quest'occhi sempre immersi nel pianto,
oh non vedranno balenare
dai culmini del monte i crociati vessilli?
Dunque il lezzo a purgar del gran
misfatto mai non potran mie mani
l'empie bende squarciar de Musulmani?
E ancor silenzio! Oh folle!
E chi son io, perche m'arrida all'alma
iri di pace? E giusto Iddio soltanto;
sia per lui benedetto
    il duolo e il pianto!

71.

¡Todo está silencio!
¿Oh cuando, cuando el sonido de
la brisa y del torrente y el sonido
de la guerra se unirán?
¿Estos ojos siempre llenos de llanto,
no verán brillar en la cima
del monte las banderas de los Cruzados?
¿Entonces el hedor de mis manos por su gran
crimen nunca se podrá lavar solo si masacran
a las impías bandas musulmanas?
¡Y de nuevo silencio! ¡Que locura!
¿Y quién soy yo, porque me sonríe
el arco iris de la paz? ¡Dios es justo;
entonces sea pare él bendito
    el dolor y el llanto!

ERMITAÑO (continuato)

Ma quando un suon terribile
dirà che "Dio lo vuole,"
quando la croce splendere
vedrò qual nuovo sole di giovanil
furore tutto arderammi il core.
E la mia destra gelida l'acciar impugnerà
di nuovo allor quest'anima
redenta in ciel sarà.
Ma chi viene a questa volta? Musulman,
la veste il dice Ritiriamci.

PIRRO

Oh ferma! Ascolta,
per pietade un infelice!
Già per tutto e sparso il suono
delle sante tue virtu!
Dimmi, oh dimmi qual perdono
ottener poss'io quaggiu?
Io son Pirro e fui Lombardo,
prestai mano a un parricida
qui fuggendo, da codardo
rinnegata ho la mia fe.
Il terror, il duol mi guida
supplichevole al tuo pie!

ERMITAÑO

Sorgi, e spera! ...

PIRRO

A me fidate d'Antiochia son le mura.

ERMITAÑO

Qual rumor! ...

PIRRO

Son le crociati genti sparse alla pianura.

(continuó)

Pero cuando un ruido terrible
dira que "Dios lo quiere,"
cuando el esplendor de la cruz
yo vea cual nuevo sol de juvenil
furor se encenderá mi corazón.
Y mi diestra helada empuñará la espada
de nuevo ésta alma
será redimida en el cielo.
¿Pero quién viene ésta vez? Musulmán,
según sus vestiduras Retirémonos.

72. ¡Detente! ¡Escucha,
por piedad, un infeliz!
¡Ya se ha esparcido la noticia
por doquier de tu santa virtud!
¿Dime cual perdón puedo obtener
en éste mundo?
Yo soy Pirro y fui lombardo,
ayudé a un parricida
soy un cobarde fugitivo
he renegado de mi fé.
¡El terror y el dolor me guían
suplicantes a tu pié!

73. ¡Levántate y espera! ...

74. Los muros de Antioquia han sido
confiados a mí.

Se escuchan ruidos a lo lejos.

75. ¡Qué ruido!

76. Son los Cruzados esparcidos por la llanura.

ERMITAÑO
Ciel! Che ascolto?
Il vere tu dici?
Val, con me sei perdonato!
Dio, gran Dio degl'infelici,
niun confine ha tu pietà.
Ebben pel tuo pecatto
offri al ciel la rea città!

77.
¡Cielos! ¿Que escucho?
¿Dices la verdad?
¡Ven, serás perdonado!
Dios, gran Dios de los infelices,
tu piedad no tiene fin.
¡Bien, por tu pecado
ofrece al cielo la malvada ciudad!

Se aproxima la tropa.

PIRRO
Uomo santo a te lo giuro,
questa notte io stesso
schiuderò per l'empio muro
al mio popolo un ingresso!

78.
¡Hombre santo ante ti juro,
que ésta noche yo mismo
abriré por el impío muro
un ingreso para mi pueblo!

ERMITAÑO
Ma il rumor cresce, s'avanza.

79.
El ruido crece, avanza.

Los guerros Cruzados empiezan a llegar. La banda música entr aen accion.

Ciel! ... Lombardi!

¡Cielos! ... ¡Lombardos!

PIRRO
Ah! Si Lombardi!

80.
¡Ah! ¡Si lombardos!

ERMITAÑO
Va! Ti fia sicura stanza la caverna.

81.
¡Vete! La caverna es segura estancia.

El ermitaño entra a la caverna con Pirro y emerge con armadura, yelmo y espada.
Mientras los Cruzados al mando de Arvino ocupan toda la montaña.

Ai tuo guerrier
Oh sfavilla ancor ai guardi
brando antico, o mio cimier! ...

¡Que brille ante la mirada
de tus guerreros mi antigua espada
y mi yelmo!

Se pone el yelmo y se baja la visera.

ARVINO
Dei tu l'uom della caverna?

82.
¿Eres tú el hombre de la caverna?

ERMITAÑO
Io? Io son! ... Da me che vuoi?

83.
¿Yo? ¡Lo soy! ... ¿Que quieres de mi?

ARVINO
Le tue preci! Ah, l'ira eterna
tu placar per me sol puoi!

ERMITAÑO
Oh! Sai tu qual uom invochi?

ARVINO
Tutti parlano di te;
narran tutti i questi lochi
Dio si mostri alla tua fè!
Odi, un branco musulmano
ha la figlia a me rapita
io tentai seguirli invano,
già la turba era sparita.

ERMITAÑO
Dimmi! ... Gente hai tu valida e molta?

ARVINO
Si.

ERMITAÑO
Vedrai la tua figlia diletta.

ARVINO
Tutta l'Europa la vedi raccolta,
al voler di Goffredo soggetta!

ERMITAÑO
Oh, mia gioia! La notte già scende
me seguite, o Lombardi fratelli
questa notte porrete le tende
io lo giuro nell'alta città!

ARVINO
Santo veglio, che a gloria ci appelli
le tue fiamme in noi serpono già.

TODOS
Stolto Allhà! Sovra il capo ti piomba
già del ira promessa la piena Santa
voce pertutto ribomba
proclamante l'estremo tuo di.

84. ¡Tus plegarias! Que aplaques la
mi ira eterna solo tu puedes.

85. ¿Sabes a cual hombre invocas?

86. ¡Todos hablan de ti;
todos aqui hablan
de que Dios se muestra a tu fé!
Oye, una tropa musulmana
ha raptado a mi hija
intenté en vano seguirla,
la turba ya había desaparecido.

87. ¡Dime! ... ¿Tienes muchos buenos soldados?

88. Si.

89. Veras a tu querida hija.

90. (Lo lleva a una prominencia)
¡Aqui está toda la Europa reunida sujeta
a las órdenes de Godofredo de Bouillon!

91. ¡Que alegría! ¡Ya llega la noche
síganme, lombardos hermanos
ésta noche podrán sus tiendas
lo juro, en la alta ciudad!

92. Santo viejo, que nos llamas a la
gloria tu ardor arde en nosotros.

93. Tonto Alá, que sobre tu cabeza
caiga el peso de la ira La Palabra Santa
resuena por doquier
proclamando tu fin.

ARVINO, ERMITAÑO, CORO

Già la croce per l'aure balena
d'una luce sanguigna, tremenda
e squarciata la barbara benda
l'infidele superbo fuggi.

94.

Ya la cruz brilla en la brisa
con una luz de sangre, tremenda
y la bárbara chusma de infieles
descuartizada huye.

Escena III.

El recinto del harem.
Algunas mujeres acompañan a Giselda que triste yace en un sofá.

CORO DE MUJERES

La bella straniera
che l'alme innamora!
Venite, venite danziamole intorno;
perchè sempre gli occhi di lagrime
irrora, se tutte ha le gioie
di questo soggiorno?
D'Oronte ella sola nell'animo impera...
La bella straniera!
Perchè tu lasciasti le case dei padri?
Mancavano amanti là forse al tuo core?
Veggiamo, veggiamo quegli occhi leggiadri
che son d'Oriente novello splendore
Noi siamo d'ancelle vilissima
qual brama servigio la bella straniera?
Oh stolta! Oh superba!
Quegli occhi che il foco acceser nel prence
d'amor scellerato. Vedran de parenti
la morte fra poco,
il turpe vessillo nel fango bruttato.
Partiam, partiam, partiam,
ella forse vuol sciorre preghiera,
la bella straniera!

95.

¡La bella extranjera
que enamora a todas las almas!
¡Vengan, vengan, dancémosle
porqué siempre tiene los ojos
llenos de lágrimas si todas las alegrías
de éste lugar son suyas?
¡Si en el ánimo de Oronte solo ella impera...
La bella extranjera!
¿Porque tu dejaste la casa de tus padres?
¿Acaso faltaban amantes para tu corazón?
Veamos, veamos a esos ojos
que son novedoso esplendor en Oriente.
¿Somos sus humildes servidoras
que servicio quiere la bella extranjera?
¡Oh tonta y soberbia!
Esos ojos que encendieron en el príncipe
amor sin esperanza. Verán de sus padres
la muerte dentro de poco,
y la infame bandera llena de fango.
¡Partamos, partamos, partamos,
ella quizás quiere decir una plegaria,
la bella extranjera!

GISELDA

Oh madre dal cielo soccorri almio pianto
soccorri al mío core,
che pace ha perduto!
Perchè mi lasciasti?
D'affetto non santo m'aggravan le pene!
Deh porporgimi aiuto!

96.

¡Oh madre desde el cielo ayúdame
socorre a mi corazón,
que ha perdido la paz!
¿Por qué me dejaste?
¡El afecto que no siento agrava mi pena!
¡Por favor, dame tu ayuda!

GISELDA (*continuato*)
Se vano è il pregare che a me tu ritorni,
pregare mi valga d'ascendere a te.
Un cumulo veggo d'orribili giorni
qual tetro fantasma, piombare su me!

(*continuó*)
Si es en vano rezar para que a mi tu regreses,
que me valga rezar para ascender a ti.
¡Veo un cúmulo de días horribles
como tétrico fantasma arrojándose sobre mí!

CORO DE MUJERES
Chi ne salva?

97. ¿Quién nos salvará?

GISELDA
Quai grida! Quai grida!

98. ¡Qué gritos! ¡Qué gritos!

MUJERES
Ah, fuggiamo!

99. ¡Huyamos!

CRUZADOS
S'uccida! S'uccida!

100. ¡Mátenlos! ¡Mátenlos!

Entran soldados turcos seguidos por Cruzados.

MUJERES
Chi ne salva del barbaro sdegno
se il profeta i suoi fidi lascio?

101. ¿Quién nos salvará de los bárbaros
si el profeta abandonó a sus fieles?

GISELDA
I crociati!

102. ¡Los Cruzados!

SOFIA
Oh Sofia
un indegno tradimento i nemini guidò.
Sposo e figlio mi caddero ai piedi.

103. O Sofia
una traición trajo al enemigo.
Esposo e hijo cayeron a mis pies.

GISELDA
Ahí che narri?

104. ¿Que dices?

SOFIA
Il furente, oh lo vedi, che li uccise!

105. ¡Yo vi a al furioso, que los mató!

Entran Arvino, el ermitaña y los Cruzados.

GISELDA
Mío padre! Egli stesso!

106. ¡Mi padre! ¡El mismo!

ERMITAÑO
Ecco adempio a miei detti, o signor.

107. (*Señalando a Giselda*)
Ahí está ella señor, cumplí mi promesa.

ARVINO
Mia Giselda! ...
Ritorna all'amplesso di tuo padre!

GISELDA
Qual sangue!

SOFIA
Oh dolor!

GISELDA
No, no! Giusta causa non è d'Iddio,
la terra spargere di sangue umano
è turpe insania, non senso più
che all'oro destasi del mussulmano!
Queste del cielo non fur parole
no, Dio non vuole,
no, no, Dio non lo, vuole!

ARVINO y CRUZADOS
Che ascolto!

SOFIA y ERMITAÑO
Ah misera!

GISELDA
Qual nera benda agl'occhi
squarciami forza divina!
I vinti sorgono, vendetta orrenda
sta nelle tenebre d'età vicina!
A niuno sciogliere fia dato l'alma
nel suol ve l'aure prime spirò!
Llempio olocausto d'umana salma
il Dio degli uomini sempre sdegnò.

ARVINO
Empia, sacrilega!

108. ¡Giselda! ...
¡Retorna al abrazo de tu padre!

109. *(Retrocede horrorizada)*
¡Cuanta sangre!

110. ¡Qué dolor!

111. ¡No ésta no es una causa justa de Dios,
la tierra empapada en sangre,
es una locura que no tiene
sentido y que la despertó el oro musulmán!
¡Esas no fueron palabras del cielo
no Dios no lo quiere,
no, no lo quiere!

112. ¡Qué escucho!

113. ¡Ah mísera!

114. ¡Qué negra venda
divina fuerza me desgarra los ojos!
¡Surgen los vencidos, horrenda
venganza se acerca!
¡Ninguno se librará de su fantasma!

El impío holocausto de cuerpos
siempre fué desdeñado por Dios.

115. ¡Impía, sacrílega!

GISELDA
Gioco de venti già veggo pendere
le vostre chiome.
Veggo di barbari sorger torrenti
d'Europa stringere le genti dome!
Che mai non furono di Dio parole
quelle onde gli uomini sangue versar!
No, Dio nol vuole, no Dio nol vuole
ei sol di pace scese a parlar.

ERMITAÑO
Oh, taci incauta!

ARVINO
Possa tua morte il detto sperdere
del labbro osceno!

GISELDA
Ferisci!

SOFIA, ERMITAÑO, CORO
Che fai? La misera duolo ha si forte
che ben lo vedi, ragion smarri.

ARVINO
Incauta ragion smarri.

116. Veo colgar al juego de los vientos
sus cabezas.
¡Veo torrentes de bárbaros surgir
para oprimir a Europa!
¡Esta nunca fué la palabra de Dios
para que los hombres derramaran su sangre!
No, Dios no quiere, Dios no quiere,
el solo vino a hablar de paz.

117. ¡Oh, cállate!

118. *(Sacando su daga)*
¡Que tu muerte pueda lavar
las palabras de tus labios obscenos!

119. ¡Hiéreme!

120. *(Deteniéndolo)*
¿Que haces? La pobre ha perdido
la razón por su gran dolor.

121. Pobre, ha perdido la razón.

❀

Acto Tercero: La Conversión

El Valle de Josafat, en donde se encuentran varias colinas siendo la más importante el Monte de Los Olivos. A la distancia, puede verse Jerusalem. Caballeros Cruzados, mujeres, peregrinos marchan en procesión.

PEREGRINOS
Gerusalem!... Gerusalem!...
La grande, la promessa città!
Oh sangue bene sparso...
Le ghirlande d'Iddio s'apprestan già!

MUJERES
Deh, per i luoghi
che veder n'he dato
e di planto bagnar
possa nostr'alma
coll'estremo fato
in grembo a Dio volar!

HOMBRES
Gli empi avvinser là
fra quei dirupi
l'Agnello del perdon
a terra qui cadean
gl'ingordi lupi
quand'Ei ripose: Io son!
Sovra quel colle il Nazaren
piangea sulla città fatal;
e quello il monte
onde salute avea
il mísero mortal!

TODOS
Deh! Per i luoghi
che veder n'e dato
e di pianto bagnar,

122.
¡Jerusalem!... Jerusalem! ...
¡La grande, la ciudad prometida!
Oh sangre bien vertida...
¡Las guirnaldas de Dios ya se preparan!

123.
¡Ah, en estos lugares
que se nos ha dado ver
y de bañar con llanto
pueda nuestra alma
como hecho extremo
volar al regazo de Dios!

124.
Aqui en estas alturas
los impíos cautivados
por el cordero del perdón
cayeron a tierra;
aqui los voraces lobos cayeron
a tierra cuando El respondió: ¡Yo soy!
¡Sobre esa colina, el Nazareno
lloró por la ciudad fatal;
y ahi en la montaña
en donde salud tenía
el mísero mortal!

En éste lugar
que se nos ha permitido ver
y bañar con llanto,

33

TODOS (*continuato*)
possa nostr'alma
coll'estremo fato
in grembo a Dio volar.
O morri, o piani,
o vall! Eternamente
sacri ad uman pensier.
Ecco arriva il Dio vivente,
terribile guerrier!
Gerusalem!... Gerusalem!...

125. (*continuó*)
pueda nuestra alma en
su último momento
volar al regazo de Dios.
¡Oh montañas, oh valles,
oh valles! Eternamente
sagrados al pensamiento humano.
¡Aqui llega el Dios viviente,
guerrero terrible!
¡Jerusalem!... ¡Jerusalem! ...

Se alejan por el valle.
Aparece Giselda.

GISELDA
Dove sola m'inoltro? Nella paterna
tenda mi mancava il respir!
D'aura mie d'uopo,
d'aura libera tutto è qui deserto...
taquero i cant i...
Sol mia mente al cielo non vola.
Ah l'alma mia non ha pensiero
che d'amor non sia.

126. ¿En donde sola me encuentro? ¡En la tienda
paterna me faltaba la respiración!
Necesito aire,
aire libre aqui todo es desierto...
los cantos están silenciados...
Solo mi mente no vuela al cielo.
Ah mi alma no tiene pensamiento
que no sea de amor.

Aparece Oronte, que eschurchó las últimas palabras.

ORONTE
Giselda!

127. ¡Giselda!

GISELDA
Oh ciel! Traveggo?

128. ¡Oh cielos! ¿Sueño?

ORONTE
Ah no! D'Oronte, stai fra le braccia!

129. ¡Ah no! ¡Estas entre los brazos de Oronte!

GISELDA
Ah, sogno, egli è!
Ah, la fronte ch'io t'innondi di lagrime!

130. ¡Ah, es un sueño!
¡Ah, te inundaré la frente con lágrimas!

ORONTE
Oh Giselda! Dunque di me non ti scordasti?

131. !Oh Giselda! ¿Entonces no te olvidaste de mí?

GISELDA
Ahi come ti piansi estinto!

132. ¡Yo te creí muerto!

ORONTE

Dal nemico brando
sol fui gittato al suolo
speranza di vederti anche una
volta vile mi fe! Presi la fuga.
Errante andai di terra in terra
veste mutai, seguendo il mio desire
di vederte una volta e poi morire.

GISELDA

Oh, non morrai.

ORONTE

Tutto ha perduto!
Amici, patria, parenti il soglio,
con te la, vita.

GISELDA

No, seguirti io voglio! Tecco io fuggo!

ORONTE

Tu? Che íntendo!

GISELDA

Vò seguire il tuo destino.

ORONTE

Infelice, è un voto orrendo;
maledetto è il mio cammino,
per dirupi e per foreste
come belva errante io movo
gioco ai venti, alle tempeste
spesso albergo ho un antro, un covo!
Avraí talamo l'arena.
Del deserto interminato
sarà l'urlo della jena
la canzone dell'amor!
Io, sol io sarò beato
nell'incendio del mio cor!

GISELDA

Oh! T'affretta ad ogni istante
ne sovrasta fíer periglio!

133. ¡La espada enemiga
solo me arrojó al suelo
la esperanza de verte una vez
me hizo cobarde! Me di a la fuga.
Anduve errante de tierra en tierra,
cambié mis ropas siguiendo mi deseo
de verte una vez más y después morir.

134. Oh, no morirás.

135. ¡Lo he perdido todo!
Amigos patria, parientes, el trono
y la vida contigo.

136. ¡No, yo quiero seguirte! ¡Yo huyo contigo!

137. ¿Tu? ¿Qué oigo?

138. Quiero seguir tu destino.

139. ¡Infeliz, ese es un voto horrendo;
mi camino está maldito
por precipicios y por bosques
camino como bestia errante
entre los vientos, y las tempestades,
mi refugio es una cueva!
Y tu tálamo será la arena.
¡Del interminable desierto
el aullido de la hiena
será la canción del amor!
¡Seré bendecido
en el incendio de mi corazón!

140. ¡Apresúrate, a cada instante
nos amenaza gran peligro!

ORONTE
Ben pensasti?

GISELDA
Il core amante
più non ode altro consiglio.

ORONTE
Oh mía gioia! Or sfido tutto
sulla terra il male e il lutto!
Vien... son teco!

GISELDA
Ah si! Tu sei patria,
vita e ciel per me!

ORONTE
Ah del regno ch'io perdei
maggior bene or trovo in te!

GISELDA
Oh belle,
a questa mísera tende lombarde addio!
Aura per voi diffondesi
quasi dil ciel natio!
Ah più divino incanto
da voi mi toglie in pianto!
Madre perdona!
Un'anima redime un tanto amor.

ORONTE
Fuggí, abbandoní o misera,
l'amor de tuoí pel mio!

GISELDA
Perdona!

ORONTE
Per te lombarda vergine
tutto abbandono anch'io
noi piangerem d'un palpito
avremo un cor soltanto!
Lo stesso Dio che veneri
avrà miei preci ancor!

141. ¿Lo has pensado bien?

142. El corazón amante
no escucha más otro consejo.

143. ¡Qué alegría! ¡Desafío a todo el mal
y el luto sobre la tierra!
¡Ven... estoy contigo!

144. ¡Ah si! ¡Tu eres mi patria
mi vida y mi cielo!

145. ¡He encontrado en tí más premio
que en el reino que perdí!

146. ¡Adiós tiendas lombardas!

¡La brisa pasa entre ellas
como en mi tierra nativa!
¡Ah qué divino encanto
de ustedes me lleva en llanto!
¡Madre, perdóname!
Todo mi amor redime a mi alma.

147. ¡Huye, abandona
el amor de los tuyos por el mio!

148. ¡Perdónenme!

149. ¡Por tí virgen lombarda
también abandono todo
lloraremos las mismas lágrimas
tendremos un solo corazón!
¡El mismo Dios que veneras
también tendrá mis plegarias!

36

GISELDA
Madre perdona!
Un anima redime un tantro amor.

150. ¡Perdóname madre!
Un amor tan grande, redime a un alma.

CRUZADOS
All'armi!

151. ¡A las armas!

ORONTE
Che ascolto!

152. ¿Que oigo?

GISELDA
Prorruper le grida dal campo lombardo...
Pavento per te!

153. Los gritos vienen del campo lombarda...
¡Temo por ti!

CRUZADOS
All'armi!

154. ¡A las armas!

GISELDA, ORONTE
Ah! Vieni, sol morte
nostr'alme divida...
Nè cielo,
nè terra può toglierme a te.

155. ¡Ven! Que solo la muerte separe
a nuestras almas...
Ni el cielo,
ni la tierra pueden separarme de ti.

CRUZADOS
All'armi, all'armi, all'armi!

156. ¡A las armas, a las armas!

La tienda de Arvino.

ARVINO
Che vid'io mai?
Furor, terrore a un tempo
M'impiombarono al suol!
Ma sui fufuggenti via portati dall'arabo
corsiero l'uom si gettò della caverna!
A un lampo tutti agli sguardi mi sparir!
Ah, vile... empia!
All'obbrobio di mia casa nata
fossi tu morto in culla sacrilega fanciulla!
Sorgente rea di guai
oh, non t'avessi generata io mai.
Qual nuova?

157. ¿Que es lo que he visto?
¡Furor y terror a la vez me atan al suelo!
¡Pero el hombre de la caverna se arrojó ante
los fugitivos y fué llevado en un caballo árabe!
¡Como un rayo todos
desparecieron a mi mirada!
¡Ah, vil, impía!
¡El oprobio de mi casa natal te hubieras
muerto en la cuna sacrílega muchacha!
Surges como la maldad mejor,
no te hubiera engendrado.
¿Qué pasa?

CABALLEROS CRUZADOS
Piú d'uno Pagano ha notato
discorrer le tende del campo crociato.

ARVINO
Per Dio!

CABALLEROS CRUZADOS
Chi lo guida per santo camino?
L'infame assassino chi venne a tradir?
Fra tante sciagure non vedi
la mano del cielo sdegnato
per l'impio germano?
Vendetta feroce persegua l'indegno
di tutti allo sdegno non puote fuggir!

ARVINO
Si! Del cielo che non punisce
emendar saprò l'errore;
il mio brando già ferisce
già trafigge all'empio il cor.
Ah spira già l'abbominoso
io lo premo col mio pie!
Se in Averno ei fosse ascoso
più sfuggir non puote a me.

158. Más de uno ha notado a Pagano
mirando en las tiendas del campo Cruzado.

159. Por Dios!

160. ¿Quién lo guía por santo camino?
¿El infame asesino que viene a traicionar?
¿Entre tantos viles no ves
la mano del cielo desdeñado
por el impío hermano?
¡Venganza feroz persigue al villano entre todos
los desdeñados que no escaparon!

161. ¡Si! Del cielo que no castiga
enmendar sabré el error;
mi espada ya hiere, ya
traspasa el corazón del impío.
Ya expira el abominable
yo lo aplasto con mi píe!
Si en el averno el se esconde
ya no podrá huir de mi.

El interior de una gruta. Desde donde se ven las Riberas del Jordán.

GISELDA
Qui posa il fianco
Ahi lassa! Di qual ferita.
T'hanno offesi i crudi! ...

ORONTE
Giselda, io manco!

GISELDA
A qual mercede orrenda
alla mia fè tu dai...

ORONTE
Io manco!

162. *(Sostiene a Oronte que esta herido)*
Descansa aqui.
¡Cielos! Qué gran herida.
¡Te han hecho esos salvajes!

163. ¡Giselda, me muero!

164. Que horrenda recompensa
me das por mi fé...

165. ¡Yo muero!

GISELDA
Ah taci! Oh taci, tu sanerai…
le vesti mie già chiusa
han la crudel ferita.

ORONTE
Invano, ivano, pietosa a me tu sei.

GISELDA
Ore tu m'ascolta, oh Dio de'padri miei!
Tu la madre me togliesti,
m'hai serbata a di funesti,
sol conforto è al pianto mío questo amor
Ei togli a me… Tu crudel!

ERMITAÑO
Chi accusa Iddio?
Questo amor, delitto egli è.

GISELDA
Qual mi scende al cuor favella?

ORONTE
Chi sei tu?

ERMITAÑO
Son tal che vita annunciar ti
puo novella, se ti volgi a nostra fè.

GISELDA
Dio l'ispira.

ORONTE
Oh si! Compita
oh Giselda, hai l'opra omai!
Io più volte il desirai…
Uom d'Iddio, t'appressa a me!

ERMITAÑO
Sorgi! Il ciel non chiami invan.
Le sue glorie egli ti addita;
l'aqua santa del Giordano
sia lavacro a te di vita!

166. ¡Calla! Tu sanarás…
mis vestiduras ya cierran
la cruel herida.

167. Es en vano, tú eres piadosa.

168. ¡Escúchame Dios de mis padres!
¡Tu me quitaste a mi madre
me has condenado a días funestos,
solo conforta mí llanto éste amor…
y tu me lo quitas eres cruel!

169. ¿Quién acusa a Dios?
Este amor es delito.

170. ¿Cuales palabras llegan a mi corazón?

171. ¿Quien eres?

172. Soy el que puede anunciarte
vida nueva si te cambias a nuestra fé.

173. Dios lo inspira.

174. ¡Oh si! ¡Al fin
oh Giselda tu obra está completa!
Muchas veces lo he deseado…
¡Un hombre de Dios me ha acercado!

175. ¡Vamos! No llames en vano al cielo.
¡El te reserva su gloria;
que el agua santa del Jordán
lave tus pecados!

GISELDA

Oh non più dinanzi al cielo
e delitto il nostro amor!
Vivi, ah viví!

ORONTE

Al petto anelo scende insolito vigor!
Qual volutta trascorrere
sento de vena in vena.
Più non mi reggo... aitami...
io ti discerno appena!

GISELDA

Deh, non morire, attendimi,
O mia perduta speme!
Vissuti insiem nè triboli
noi moriremo assieme.

ERMITAÑO

L'ora fatale ed ultima
volga le menti a Dio.
S'avvivi il cor d'un palpito
solo celeste e pio.

ORONTE

T'accosta! ... Oh nuovo incanto!
Bagnami col tuo pianto...
In ciel tiattendo... affrettati...
Tu lo schiudesti a me.

GISELDA

Donna che t'amò tanto
puoi tu lasciar nel pianto?
Perchè mi vietan gli angeli
il ciel dischiuso a te?

ERMITAÑO

Se qui l'amor di pianto
ebbe mercè soltanto sperate! ...
Un di fra gli angeli
di gioia avrà mercè.

176. ¡Nuestro amor ya no es pecado
delante del cielo!
¡Vive, vive!

177. ¡A mi pecho llega insólito vigor!
Que voluptuoso recorre
mi cuerpo de vena en vena.
¡Ya no puedo mas... ayúdame...
apenas puedo verte!

178. ¡No mueras, espérame,
mi última esperanza!
Hemos vivido entre tribulaciones
nosotros moriremos juntos.

179. La última hora fatal
vuelvan su mente a Dios.
Que el corazón se avive
con palpitar celeste.

180. ¡Acércate! ... ¡Oh nuevo encanto!
Báñame con tu llanto...
Te espero en el cielo... apúrate...
Tu lo abriste a mi.

181. ¿No puedes dejar a la mujer
que te amó tanto?
¿Por qué me rechazan los ángeles
que te abrieron el cielo?

182. ¡Si aqui el amor y el llanto
solo te dan tristezas espérate! ...
Un dia entre los angeles
recibirás la recompensa.

Acto Cuatro: El Santo Sepulcro

Una caverna cerca de Jerusalem.
Giselda, sola, es visitada en sus sueños por una visión de Espíritus Celestiales.

CORO DE ESPIRITUS CELESTES
Componi o cara vergine
alla letizia il viso,
per te redenta un'anima
s'indiva in Paradiso
vieni che il ben dividere
seco fia dato a te,
vieni, vieni, vieni...

GISELDA
Oh! Di sembianze eteree
l'antro splendente io scerno
ah si t'affretta a sorgere
alba del giorno eterno.
Oronte... Ah tu fra gli angeli?
Perchè non parli a me?

ORONTE
In cielo benedetto,
Giselda per te sono!
Il mio pregare accetto
d'Iddio già sale al trono.
Va, grida alla tua gente
che afforzi la speranza.
Ah del Siloe la corrente
fresc'onde apporterà.

SPIRITI CELESTI
Vieni, che il ben dividere
seco fia dato a te...

183.
Cambia querida virgen
con alegría tu rostro
por tí una alma redimida
se dirige al paraíso
ven y comparte el bien
que se te ha dado,
ven, ven, ven...

184.
¡Oh! Veo la cueva
esplendorosa con etéreas presencias.
Ah si apresúrate a surgir
alba del dia eterno.
Oronte... ¿Tu entre los ángeles?
¿Por qué no me hablas?

185.
¡En el cielo bendito,
Giselda estoy por ti!
Mi plegaria la aceptó
Dios que sube a su trono.
Vé y grita a tu gente
que la esperanza los fortificará.
La corriente de Siloe
traerá frescas olas.

186.
Ven, y comparte el bien
que te ha sido dado...

GISELDA

Qual prodigio!...
Oh in nera stanza
or si muta il paradiso!
Sogno ei fu!
Ma d'improvviso
qual virtude in cor mi stà?
Non fu sogno!
Non fu sogno! In fondo all'alma
suona ancor l'amata voce;
de beati ancor la palma
in sua man vegg'io brillar!
Oh guerrieri della croce su,
correte ai santi allori!
Scorre il fiume già gli umori
l'egre membra a ravvivar.

187.
¡Qué prodigio!...
¡En negra estancia
se cambia el paraíso!
¡Solo fué un sueño!
¿Pero de improviso
cual virtud me queda en el corazón?
¡No fué un sueño!
¡No fué un sueño! ¡En el fondo de
mi alma suena aun la amada voz;
veo brillar la palma de los santos
en su mano!
¡Oh guerreros de la cruz
corran a los santos laureles!
El rio corre para revivir
tus cansados miembros.

Las tiendas Normandas cerca de la tumba de Raquel.

CRUZADOS, PEREGRINOS

O Signore, dal tetto natio
ci chiamasti con santa promessa;
noi siam corsi all'invito d'un pio
giubilando per l'aspro sentier.
Ma la fronte avvilita e dimessa
hanno i servi già baldi e valenti!
Non far che ludibrio alle genti
sieno Cristo, i tuoi fidi guerrier!
Oh fresc'aure volanti sui vaghi
ruscelletti de prati lombardi!
Fonti eterne, purissimi laghi!
Oh vigneti indorati dal sol!
Dono infausto, crudele è la mente
che vi pinge si veri agli sguardi
ed ad labbro più dura e cocente
fa la sabbia d'un arido suol!

188.
Oh Señor, tu nos llamaste
con santas promesas; nos apuramos
a atender la invitación de un hombre pio,
regocijándonos en el espero sendero.
¡Pero la frente de los sirvientes
está hacia abajo humillada! Deh!
No dejes a tus fieles guerreros.

¡Oh frescas brisas que vuelan sobre
los arroyuelos y los prados lombardos!
¡Fuentes eternas, purísimos lagos!
¡Oh viñedos dorados al sol!
¡Don infausto y cruel es la mente
que muestra a tu mirada
y a tus labios
la arena y el árido suelo!

GISELDA, ARVINO, ERMITAÑO

Al Siloe, al Siloe!

189.
¡A Siloe, a Siloe!

CORO

Quali voce!

190.
¿Qué son esas voces?

GISELDA

Il cielo ha le preghiere
degli afflitti accolto!
Tutte le genti stanno all'acque
intorno che il Siloe manda!

CORO

Oh gioia! Oh gioia!

ARVINO

Udite or mè, Lombardi!
Dissetato il labbro
ultimi certo non sarete voi a risalir
le abbandonate mura!
Nol prevedono gli empi...
Ecco! ... Le trombe squillando del Buglion!
La santa terra oggi nostra sarà!

CORO

Si! Guerra, guerra!

TODOS

Guerra, guerra! S'impugni la spada
affrettiamci, empiamo le schiere
bulle bende la folgore cada,
non un capo sfuggire potrà.

ARVINO, ERMITRAÑO, CORO

Già rifulgon le sante bandiere
quai comete di sangue e spavento.

ARVINO, ERMITAÑO, TODOS

Già vittoria, sull'ali del vento,
le corone additando ci va.

191. ¡El cielo ha escuchado
las plegarias de los afligidos!
¡Toda la gente está en torno
al agua del Siloe!

192. ¡Alegría, alegría!

193. ¡Escúchenme, Lombardos!
¡Con labios sedientos
no serán los últimos en escalar
los abandonados muros!
No dejen a los infieles anticiparse...
¡Ahi están! ... ¡Las trompetas de Bouillon!
¡La santa tierra hoy será nuestra!

194. ¡Si! ¡Guerra, guerra!

195. ¡Guerra, guerra! Empuñen la espada,
apresuremos nuestras tropas
lancen sus rayos sobre sus fuerzas,
y que ninguno pueda huir.

196. Ya refulgen las santas banderas
cual cometa de sangre y terror.

197. La victoria, en las alas del viento,
ya nos señala la corona.

La tienda de Arvino, entra El Ermitaño, ayudado por Giselda y Arvino.

ARVINO

Questa è mia tenda...
Qui tu membra puoi sventurato adagiar...
Ma tu non parli?

198. Esta es mi tienda...
Aquí puedes descansar tus piernas...
¿Pero no hablas?

GISELDA
Ahi vista! In ogni parti egli è ferito...
Sulle mura el primo correa gridando.

199. Está herido en todas partes él fué...
El primero en correr gritando sobre
los muros.

ERMITAÑO
Via da me! ... Qui siete?

200. ¡Quítense!... ¿Quienes son?

ARVINO
Guarda! Sovvienti! Presso d'Arvin tu sei.

201. ¡Mira! ¡Recuerda! Estás cerca de Arvino.

ERMITAÑO
D'Arvin? Qual nome! Ah taci!... Taci!
D'Arvin quest'è pur sangue!
Oh Averno, schiuditi a piedi miei
sangue è del padre!

202. ¿De Arvino? ¡Ese nombre! ¡Callen!
¡Esta es la sangre de Arvino!
¡Averno, ábrete a mis pies
es sangre del padre!

ARVINO
Che parli tu!

203. ¿Qué dices tú?

GISELDA
Ti calma! Ti calma!
Vedi, tu sei fra noi...
presso l'afflitta che tu salvasti.

204. ¡Cálmate! ¡Cálmate!
Estás entre nosotros...
cerca de la que tú salvaste.

ERMITAÑO
Oh voce! Oh chi rischiara la mente
e m'apre il cor!
Tu sei, tu sei...
L'angelo del perdono!

205. ¡Esa voz! ¡Me aclara la mente
y me abre el corazón!
Tú eres, tu eres...
¡El ángel del perdón!

ARVINO
Favella... Chi sei tu?

206. Habla... ¿Quién eres?

ERMITAÑO
Pagan io sano!

207. ¡Yo soy Pagano!

GISELDA, ARVINO
Ciel! Che ascolto?

208. ¡Cielos! ¿Qué oigo?

PAGANO
Un breve istante
solo resta a me di vita.
Oh fratello! A Dio davante
dee quest'alma comparir!
La mia pena e omai compita
non volermi maledir!

GISELDA
Padre, in Dio le vedi estinto;
e sua colpa in ciel rimessa.

PAGANO
Oh fratello!

ARVINO
Hai vinto! Hai vinto!

GISELDA, ARVINO
Anche l'uom t'assolverà.

PAGANO
Me felice!
Or sia concessa a miei sguardi la città!

CORO
Te lodiamo, gran Dio di vittoria.
Lodiamo invincibile Signor!
Tu salvezza, tu guida, tu gloria,
sei de forti che t'aprono il cor!

PAGANO
Oh Dio! Di quale contento
degni or tu l'assassino che muor!
Tu sovvieni all'estremo momento
l'uom che il mondo copriva d'orror!

GISELDA
Va felice! Il mio sposo beato
la mia madre vedrai ne Signore...
Di che affrettino il giorno bramato
che col loro si eterni il mio cor.

209. Un breve instante
solo me queda de vida.
¡Oh hermano! ¡Delante de Dios
mi alma comparece!
¡Mi pecado ya se ha pagado
no me quieras maldecir!

210. Padre lo ves muriendo en Dios;
su culpa ha sido perdonada en el cielo.

211. ¡Oh hermano!

212. ¡Has vencido! ¡Has vencido!

213. Ahora el hombre te absolverá.

214. ¡Estoy feliz!
¡Que se me conceda ver la ciudad!

215. Te alabamos, gran Dios de victoria.
¡Te alabamos invencible Señor!
¡Tú eres salvación, guía, gloria,
de los valientes que te abren el corazón!

216. ¡Oh Dios! ¡Con éste contento
deja al asesino que muera!
¡Tú llevas al momento extremo
al hombre que el mundo cubría de horror!

217. ¡Vé en paz! Tu veras a mi esposo
y a mi madre en el Señor...
Diles que apresuren el dia deseado
en que con ellos esté mi corazón.

ARVINO

O Pagano! Gli sguardi clementi
a miei falli rovolga il Signor
come a te negli estremi momenti
il fratello perdona in suo cor.

TODOS

Te lodiamo, gran Dio di vittoria
te lodiamo invincibile Signor!
Tu salvezza, tu guida, tu gloria
sei de forti che t'aprono il cor.

218. ¡Oh Pagano! ¡Que la mirada clemente
del Señor, caiga sobre mis pecados,
como a ti en los momentos extremos!
El hermano perdona en su corazón.

219. ¡Te alabamos, gran Dios de victoria,
te alabamos invencible Señor!
Tú eres salvación, guía, gloria
que abre de los valientes el corazón.

F I N

Biografía de Giuseppe Verdi

Giuseppe Verdi nació en el seno de una familia muy modesta, el 10 de Octubre de 1813 en una pequeña población llamada Le Roncole perteneciente al Ducado de Parma en el norte de Italia, en ese entonces bajo el dominio de Napoleón.

Verdi contó desde muy joven con la protección de Antonio Barezzi, un comerciante de Busseto, pueblo vecino a Le Roncole, quien creyó en el potencial musical del joven.

Gracias a su apoyo, Verdi pudo desplazarse a Milán con la intención de ingresar como estudiante al Conservatorio cosa que no logró debido a obstáculos burocráticos.

Durante 18 meses de la educación musical de Verdi, en Milán, quien se desempeñó en forma brillante como estudiante.

Sin embargo, por recomendación de Antonio Barezzi, el maestro Vincenzo Lavigna se hizo cargo durante 18 meses de la educación musical de Verdi, en Milán, quien se desempeñó en forma brillante como estudiante.

El 4 de Mayo de 1836, Verdi y Margherita, hija de Antonio Barezzi contrajeron nupcias, ambos tenían 23 años. El 23 de Marzo de 1837, Margherita dio a luz una niña que fue bautizada con el nombre de Virginia Maria Luigia.

En 1836, Verdi fue nombrado Maestro de Música de Busseto y un año después, en Milán, estrenó su primera ópera *Oberto Conte di San Bonifacio* que resultó todo un éxito y le procuró un contrato con el Teatro alla Scala. El 11 de Julio de 1836 nació el segundo hijo de Margherita, lo llamaron Icilio, Romano, Carlo, Antonio.

En 1840, comenzaron las desgracias en la vida de Verdi, primero enfermó su hijo y falleció, pocos días después, la niña también enfermó gravemente y murió y por último en los primeros días de Junio, Margherita contrajo la encefalitis y también falleció.

Todo esto sumió a Verdi en una profunda depresión que estuvo a punto de hacerlo abandonar su carrera musical. En esos días Ricordi su editor, le mostró el libreto de *Nabucco* que le devolvió su interés por la composición.

El 9 de Marzo de 1842 Verdi estrenó *Nabucco* en el Teatro alla Scala, el estreno constituyó un gran éxito y fue su consagración como compositor.

Durante los ensayos de *Nabucco*, Verdi conoció a Giuseppina Strepponi la protagonista de la ópera, que se convirtió en su pareja y con quien se casó en 1859 y vivió con ella hasta 1897 año en que ella murió.

Verdi escribió un total de 27 óperas, una *misa de Requiem*, un *Te Deum*, el *Himno de las Naciones*, obras para piano, para flauta, y otras obras sacras.

Verdi dejó su cuantiosa fortuna para el establecimiento de una casa de reposo para músicos jubilados que llevaría por nombre La Casa Verdi, en Milán que es en donde se encuentra enterrado junto con Giuseppina.

Verdi falleció en Milán, de un derrame cerebral el 27 de Enero de 1901 a los 88 años de edad. Su entierro causó una gran conmoción popular y al paso del cortejo fúnebre el público entonó el coro de los esclavos de *Nabucco* "Va pensiero sull ali dorate."

Operas de Verdi

Aida	*La Battaglia di Legnano*
Alzira	*La Forza del Destino*
Attila	*La Traviata*
Don Carlo	*Luisa Miller*
Ernani	*Macbeth*
Falstaff	*Nabucco*
Giovanna D'Arco	*Oberto Conte di San Bonifacio*
I Due Foscari	*Otello*
I Lombardi	*Rigoletto*
I Masnadieri	*Simon Boccanegra*
I Vespri Siciliani	*Stiffelio*
Il Corsaro	*Un Ballo in Maschera*
Il Re Lear	*Un Giorno de Regno*
Il Trovatore	

Acerca de Estas Traducciones

El Dr. Eduardo Enrique Prado Alcalá nació en 1937 en el norte de México, estudió la carrera de medicina y se especializó en cáncer ginecológico y cáncer de mama.

Ejerció su carrera durante 40 años y finalmente llegó a la edad del retiro.

Desde la edad de 42 años, se hizo aficionado a la ópera y a la música clásica y formó parte de un grupo de amigos aficionados a estas disciplinas. Tuvo la oportunidad de asistir a funciones operísticas en la Ciudad de México, en Guadalajara México, en Toluca México, en Mazatlán México, en Seattle, en Madrid y en Londres. Organizó en la Ciudad de Mazatlán tres conciertos de música clásica, uno de ellos en la catedral.

⚭

Jugum Press y Ópera en Español

Prensa publica estas traducciones de ópera por Dr. E.Enrique Prado:

Vincenzo Bellini:
Norma

Georges Bizet:
Carmen

Gaetano Donizetti:
*Anna Bolena, Don Pasquale, Lucia di Lammermoor,
Lucrezia Borgia*

Ruggero Leoncavallo:
I Pagliacci

Pietro Mascagni:
Cavalleria Rusticana

Wolfgang Amadeus Mozart:
Die Zauberflöte, Don Giovanni, Le Nozze di Figaro

Giacomo Puccini:
*La Boheme, La Fanciulla del West, Madama Butterfly, Manon Lescaut, Tosca
El Tríptico: Gianni Schicchi, Suor Angelica, Il Tabarro*

Giacchino Rossini:
Il Barbiere Di Siviglia, La Cenerentola

Giuseppe Verdi:
*Aida, Un Ballo in Maschera, Don Carlo, Ernani, Falstaff, La Forza del Destino,
I Lombardi, Macbeth, Nabucco, Otello, Rigoletto, Simon Boccanegra, La Traviata,
Il Trovatore*

Para información y disponibilidad, por favor vea
www.operaenespanol.com
Correo: JugumPress@outlook.com
Síganos en Twitter: @jugumpress
Regístrate para nuestras noticias: http://eepurl.com/5m7tj

www.ingramcontent.com/pod-product-compliance
Lightning Source LLC
Chambersburg PA
CBHW081303040426

42452CB00014B/2628